Quart Verlag Luzern Anthologie 26

Frei + Saarinen

Frei + Saarinen
26. Band der Reihe Anthologie

Herausgeber: Heinz Wirz, Luzern
Konzept: Frei + Saarinen, Zürich; Heinz Wirz
Textlektorat: Annika Greuter, Heidelberg
Fotos: Hannes Henz, Zürich S. 6, 8–12, 14–19, 24, 25 (unten), 26 (links), 27–29; Baugeschichtliches Archiv Zürich S. 7; Nicolaj Bechtel, Zürich S. 5, 25 (oben), 26 (rechts), 66; Johannes Marburg, Genf S. 65 (Nr. 14); Nicolaj Bechtel & Stefan Wülser, Zürich S. 20, 22, 23; Brigitte Ruedel, Zürich, S. 68; Dominique Marc Wehrli, La Chaux-de-Fonds S. 13; Stefan Wülser, Zürich S. 39–47, 58, 59
Grafische Umsetzung: Quart Verlag, Linus Wirz
Lithos: Printeria, Luzern
Druck: DZA Druckerei zu Altenburg GmbH

ISBN: 978-3-03761-071-8

Quart Verlag GmbH
Denkmalstrasse 2, CH-6006 Luzern
books@quart.ch, www.quart.ch

FOYER>

Anthologie 26 – Notat

Heinz Wirz

Jeder Band dieser Reihe ist ein Werkbericht über das Schaffen junger Architekten. In dieser Eigenschaft zielt er auch darauf ab, begabte Architekten bekannt zu machen und ihr noch junges Werk zu dokumentieren und zu veröffentlichen. Das Medium gleicht den traditionellen Künstlerkatalogen, die einen zeitbezogenen Ausschnitt aus dem Werk des Künstlers festhalten.

Der vorliegende Band ist Barbara Frei und Martin Saarinen gewidmet. Nach Studien an der ETH Zürich und Praxiserfahrungen bei namhaften Architekten in der Schweiz, in Holland und in Slowenien gewinnen sie den Wettbewerb zu einem Umbau einer seit den 1980er Jahren als Kino und Quartiertreffpunkt genutzten ehemaligen «Schulbaracke». Mit diesem ersten Auftrag demonstrieren die zwei jungen Zürcher Architekten, wie ein einfacher, «banaler» Umbau zu einer anspruchsvollen architektonischen Aufgabe werden kann. Nahe an der Nutzung und unter engen räumlichen Bedingungen entsteht das Exempel eines Funktionalismus, der an das Frühwerk Le Corbusiers erinnert und in dem jeder Zentimeter und Quadratmeter geplant und der Nutzung entsprechend durchdacht ist. Durch dieses Verteilen der Masse und Abwägen der Flächen und Räume gewinnt das Gebäude seinen ganz spezifischen Ausdruck. Mit derselben Intensität sind schliesslich auch die weiteren hier vorgestellten Aufgaben und ihre Lösungen bis zu dem jüngst fertiggestellten Wohnhaus in Kilchberg entwickelt. Letzteres überrascht durch eine intensive Raumgestaltung im Sinne eines «Raumplans» und durch ein ausgewogenes Raumkontinuum, das sich bis in die angrenzenden Aussenräume und die räumlich gefassten Terrassen fortsetzt. Die Entwürfe folgen keinem allgemeinen Rezept. Stattdessen vertiefen sich die Architekten in einer permanenten, vorsichtigen Selbstbesinnung in die charakteristischen Eigenschaften jeder Aufgabe und begeben sich auf die Suche – «eine Recherche» über die adäquate Lösung und ihr architektonisches Potenzial.

Luzern, im Juli 2013

KINO xenix

Umbau und Erweiterung Kino Xenix, Zürich

Seit den 1980er Jahren betreibt der Filmclub Xenix ein ambitioniertes Programmkino in einer vor über 100 Jahren als Provisorium erstellten «Schulbaracke». Die dazugehörende Bar wurde zum beliebten Quartiertreffpunkt und trägt heute wesentlich zur Finanzierung des aufwendigen Kinobetriebs bei. Die zunehmende Professionalisierung erforderte zusätzliche Räume für Zubereitung und Lagerung sowie neue sanitäre Anlagen, die in einer stirnseitigen Erweiterung untergebracht werden sollten. Gleichzeitig sollte die Bar vergrössert und der Bestand räumlich und funktional optimiert werden. Einer «Verwischungsstrategie» folgend, gehen Alt und Neu nun unter einem scharfkantigen Blechdach nahtlos ineinander über und bilden ein neues Ganzes. Gezielte Abweichungen vom Vorgefundenen schaffen neue Qualitäten: Die geknickte Geometrie, die den Erhalt einer mächtigen Rosskastanie ermöglichte, schafft einen stimmungsvoll zonierten Barraum, der sich durch eine zweiflüglige Eingangsfront zum Kiesplatz, auf dem sich an Sommerabenden Hunderte tummeln, vollständig öffnen lässt. Die auffälligsten Neuerungen im Bestand sind das trichterförmige Kinofoyer sowie die neue Abtreppung des Kinosaals, in dem auch die beliebten vordersten Sitzreihen des «Sofakinos» wieder ihren Platz fanden.

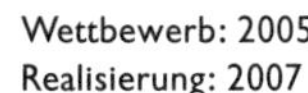

Wettbewerb: 2005
Realisierung: 2007

1904

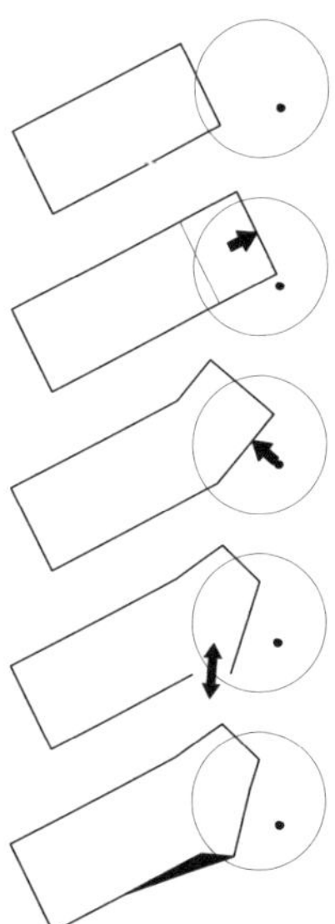

Formgenese: Die Erweiterung ist stofflich aber nicht geometrisch angeglichen, wodurch ein Baum erhalten und ein neuer Bezug zum Kiesplatz geschaffen wird.

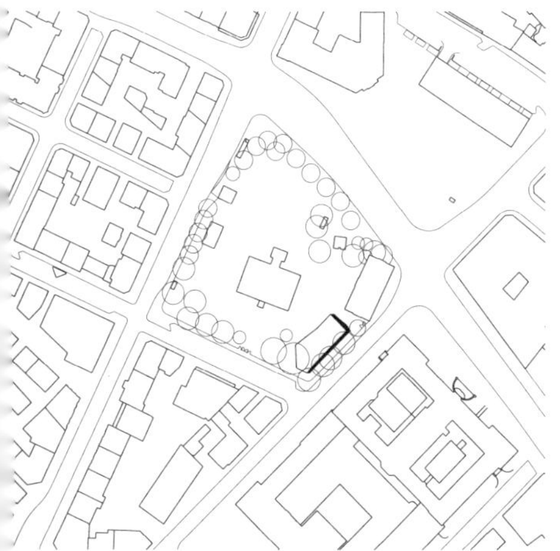

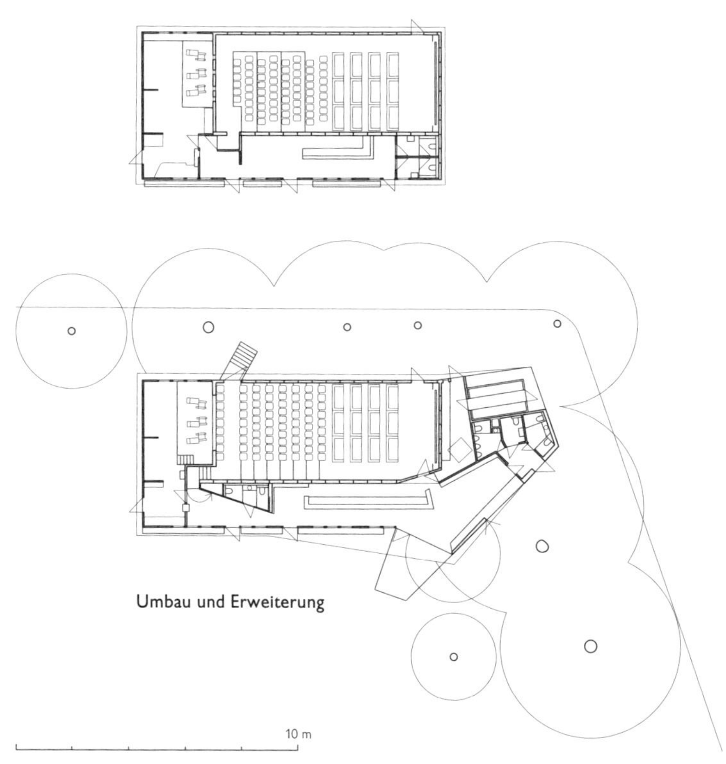

Umbau und Erweiterung

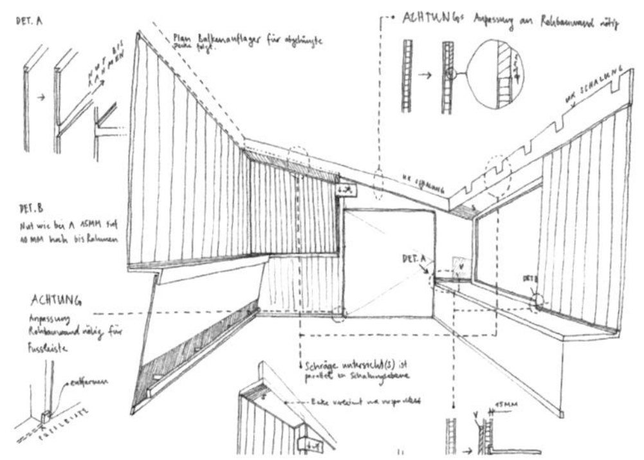
DET. A
Plan Balkenauflager für abgehängte
ACHTUNG: Anpassung an Rohbauwand nötig
UK SCHALUNG
DET. B
Nut wie bei A 15MM tief 10 MM hoch bis Rahmen
DET. A
ACHTUNG
Anpassung Rohbauwand nötig für Fussleiste
entfernen
Schräge unterschied(s) ist parallel zu Schalungsebene
15MM

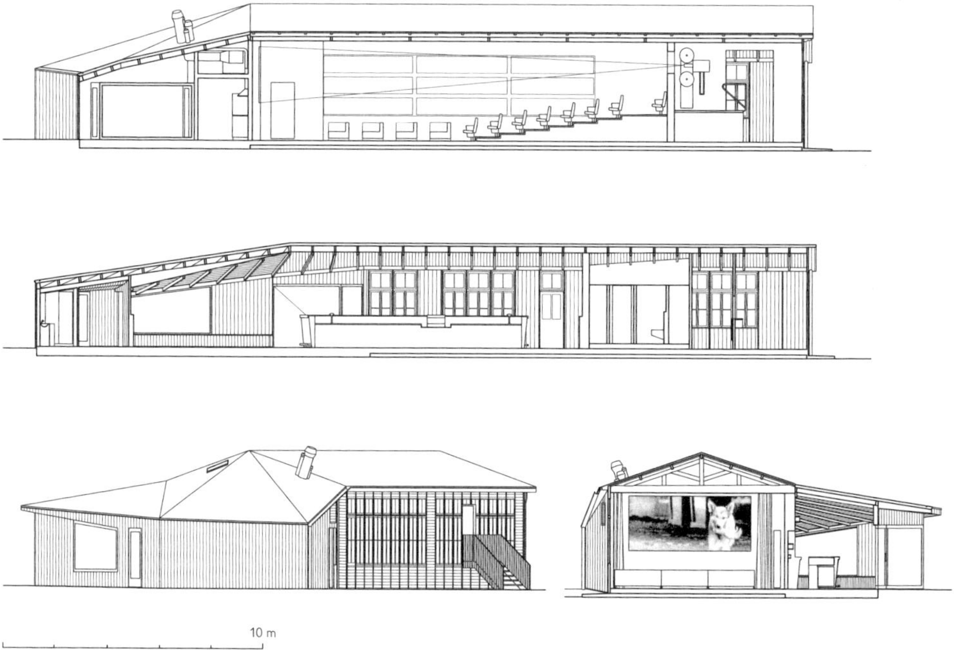

10 m

Auftraggeber: Stadt Zürich, Immobilien-Bewirtschaftung, vertreten durch das Amt für Hochbauten
Team: Barbara Frei, Martin Saarinen, Christian Beerli, Lydia Ramakers, Luca Pestalozzi, Sandra Stein, David Winzeler
Baumanagement: Jaeger Baumanagement AG, Zürich
Statik: Holzbaubüro Reusser, Winterthur
Metalldach: Scherrer Metec AG, Zürich

Lignumpavillon

Realisierung 2009

Die Konzeption eines Pavillons für die Dachorganisation der Schweizer Wald- und Forstwirtschaft reizt neuere Planungs- und Fertigungsmethoden aus, um das räumliche und formale Potenzial von Holzkonstruktionen exemplarisch aufzuzeigen. Als begehbare Skulptur aus 20 aufeinandergestapelten Schichten führt er die Besucher in einer räumlichen Schleife durch eine hölzerne Topografie, die einmal höhlen-, einmal canyon- oder terrassenartig anmutet, wodurch sich auf einer bescheidenen Grundfläche von 10 mal 10 Metern ein überraschender räumlicher Reichtum entfaltet. Die Künstlichkeit der referenzlosen Form findet im synthetischen Charakter des zu mehrschichtigen Platten verleimten Holzwerkstoffs ihre Entsprechung. Das Puzzle aus 541 computergefrästen Einzelteilen wird durch Gewindestangen hochfest verschraubt, was die Stabilität der teilweise beachtlichen Auskragungen gewährleistet. Diese pixelartigen «vorgespannten» Holzwangen überschreiten bewusst die Grenzen einer materialgerechten Holzkonstruktion im herkömmlichen Sinne, um in Analogie zum Stahlbeton eine leistungsfähige Verbundwirkung zu erlangen.

Die Besucherführung beschreibt eine räumliche Schleife, die sich an den offenen Enden des Pavillons im umliegenden Raum fortsetzt.

Aufraggeber: Lignum – Holzwirtschaft Schweiz, Zürich
Team: Barbara Frei, Martin Saarinen, Stefan Wülser
Statik: Pirmin Jung Ingenieure für Holzbau AG, Rain
Messebau: Kammer Expo AG, Tagelswangen

Umbau und Erweiterung Pfarrhaus St. Josef, Zürich

Eine 100-jährige «Pfarrersvilla» wird durch zahlreiche Interventionen zwischen behutsamer Rekonstruktion und radikaler Neuinterpretation in ein einladendes, heutigen Anforderungen entsprechendes und energetisch optimiertes Pfarreihaus transformiert. Aussen verweisen einzig eine spitzwinklige Lukarne sowie eine präzise eingepasste Haupteingangsfront auf den Umbau. Als abstrakte, sich «wegspiegelnde» Flächen vermeiden sie jede Annäherung an die Gründerzeitarchitektur und überlassen in ihrer extremen Reduktion dem Bestand das Wort. Das neue Foyer ist das eigentliche Herzstück: Schiefwinklig sind Flächen in die bestehende Struktur eingeschrieben, sodass ein Raumkontinuum mit heller und grosszügiger Raumwirkung entsteht. Ein neues, dreieckiges Oberlicht «bremst» die räumliche Dynamik, womit das zickzackförmige Raumgefüge beim Zugang zum Kirchgemeindesaal seine Mitte erhält. Die traditionell anmutende Täfelung bricht die «Coolness» der schiefwinklig facettierten Form, wodurch sich eine gebührend ernsthafte Atmosphäre einstellt. Formal ähnlich wird das Dachgeschoss über einem Teil der ehemaligen Dachterrasse zur neuen Pfarrerswohnung erweitert. Dabei werden bestehende Dachschrägen in die Erweiterung einverleibt, sodass sie als geneigte Innenwände ihre räumliche Wirkung entfalten, was insbesondere dem neu entstandenen, fünfeckigen Wohnraum seine Prägnanz verleiht.

Wettbewerb: 2007
Realisierung: 2010

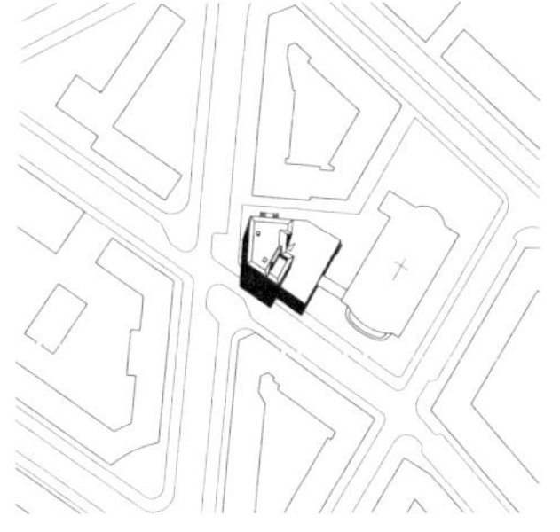

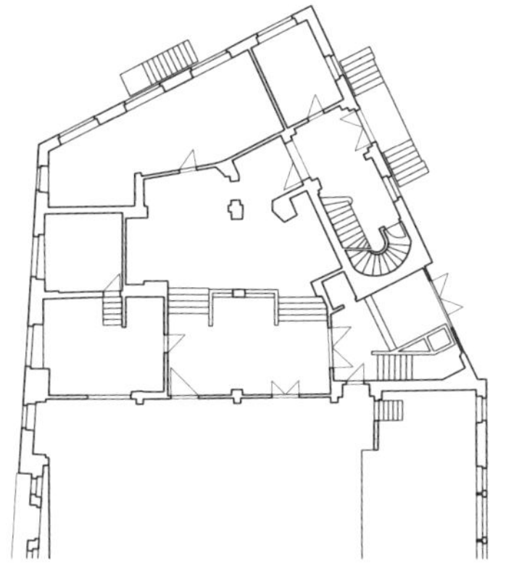

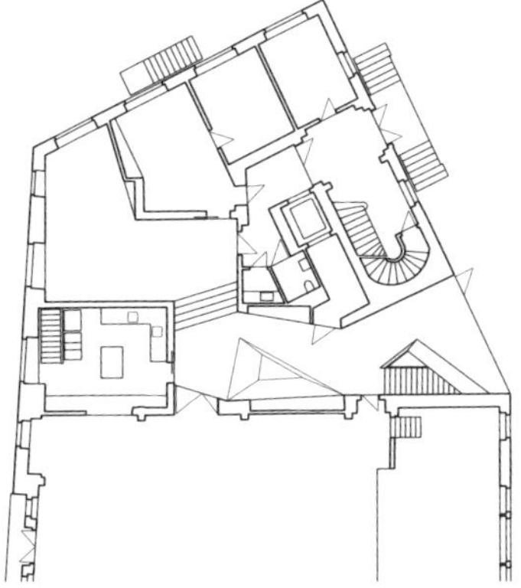

Umgebautes Foyer

10 m

Die facettierte Decke glättet die vorgefundenen Höhensprünge zu einem Kontinuum.

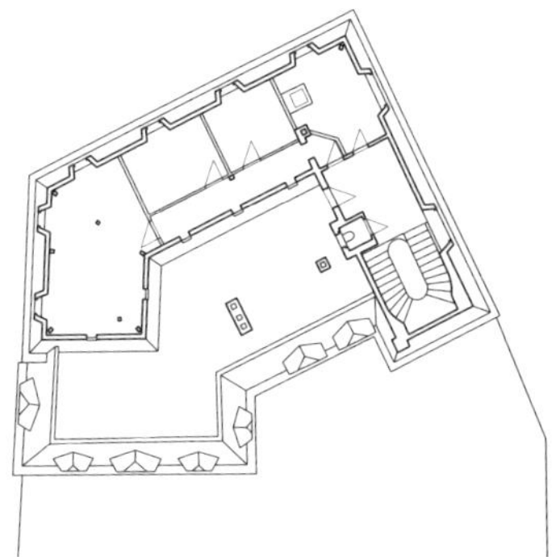

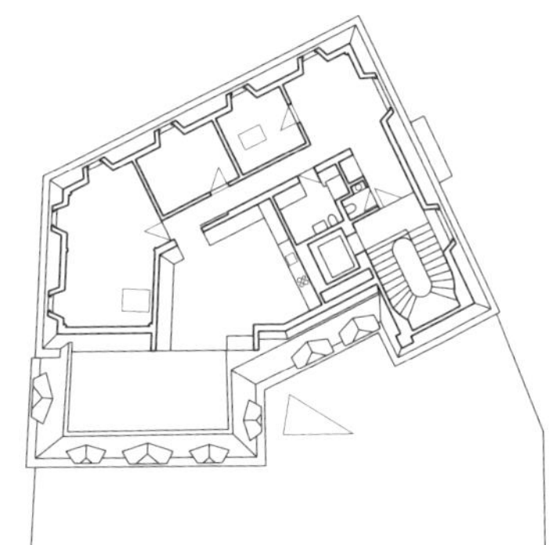

Erweiterung

Auftraggeber: Katholische Kirchgemeinde St. Josef, Zürich
Team: Barbara Frei, Martin Saarinen, Nicolaj Bechtel, David Winzeler, Bastien Turpin, Corina Trunz
Baumanagement: Jaeger Baumanagement AG, Zürich
Statik: Schnetzer Puskas Ingenieure AG, Zürich

Erweiterung Bergtrotte, Osterfingen

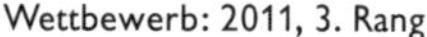
Wettbewerb: 2011, 3. Rang

Seit dem 16. Jahrhundert von Weinbauern der Region genutzt, mutierte die Bergtrotte Osterfingen zu einer Stätte für Events in der warmen Jahreszeit. Eine Erweiterung mit Saal, Restaurant und Degustationsraum sowie weiteren Nebenräumen soll zukünftig eine ganzjährige Nutzung ermöglichen, wobei der eigentliche Identifikationsträger der alten Trotte zu einem Weinbaumuseum umfunktioniert werden soll. Ein entkoppelter, jedoch unterirdisch verbundener Neubau soll ein Maximum an neuen innen- und aussenräumlichen Qualitäten schaffen: Getarnt hinter einer sanft in das Gefälle eingepassten Stützmauer entfaltet sich eine Raumfolge der jeweils an den Raumecken ineinander übergehenden Haupträume. Als landschaftsarchitektonischer Eingriff wird jede Konkurrenz zum altehrwürdigen Solitär vermieden und ein Dazwischen geschaffen – ein Platz, der den Blick in die umliegende Landschaft freigibt und einen aussenräumlichen Mehrwert für das ganze Dorf darstellt. Die Reben über der mächtigen Deckenplatte erfordern ein tiefes Erdreich, was an den aufgestülpten Oberlichtern wahrnehmbar wird. Die Wandabwicklungen verweisen auf hölzerne Weinschachteln, wodurch sie wirkungsvoll zur skulpturalen Wucht der Betondecke kontrastieren und den Räumen eine stubenartige Atmosphäre verleihen.

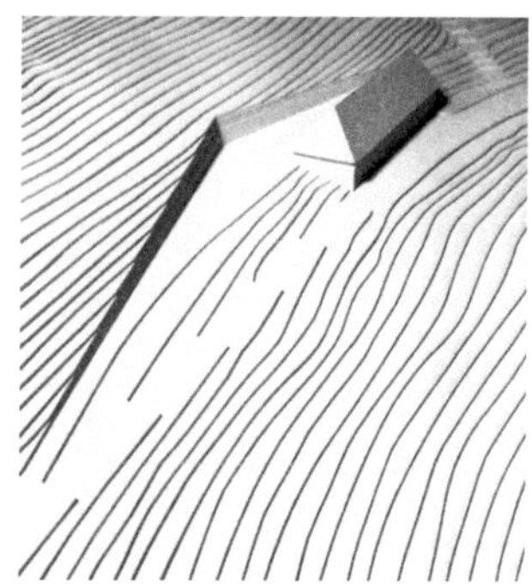

Der Neubau verbirgt sich hinter einer Stützmauer, die einen öffentlich zugänglichen Zwischenbereich schafft.

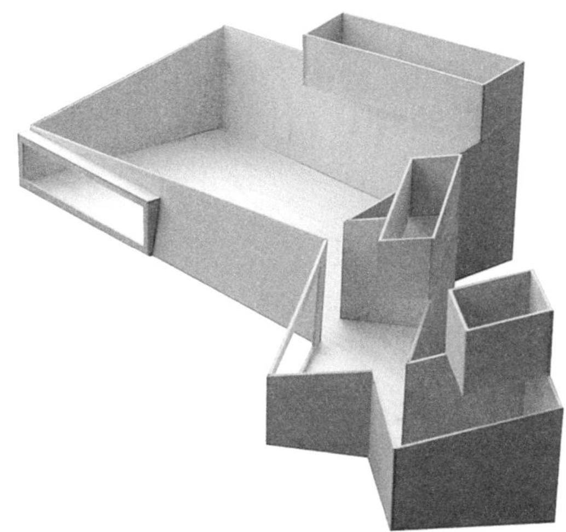

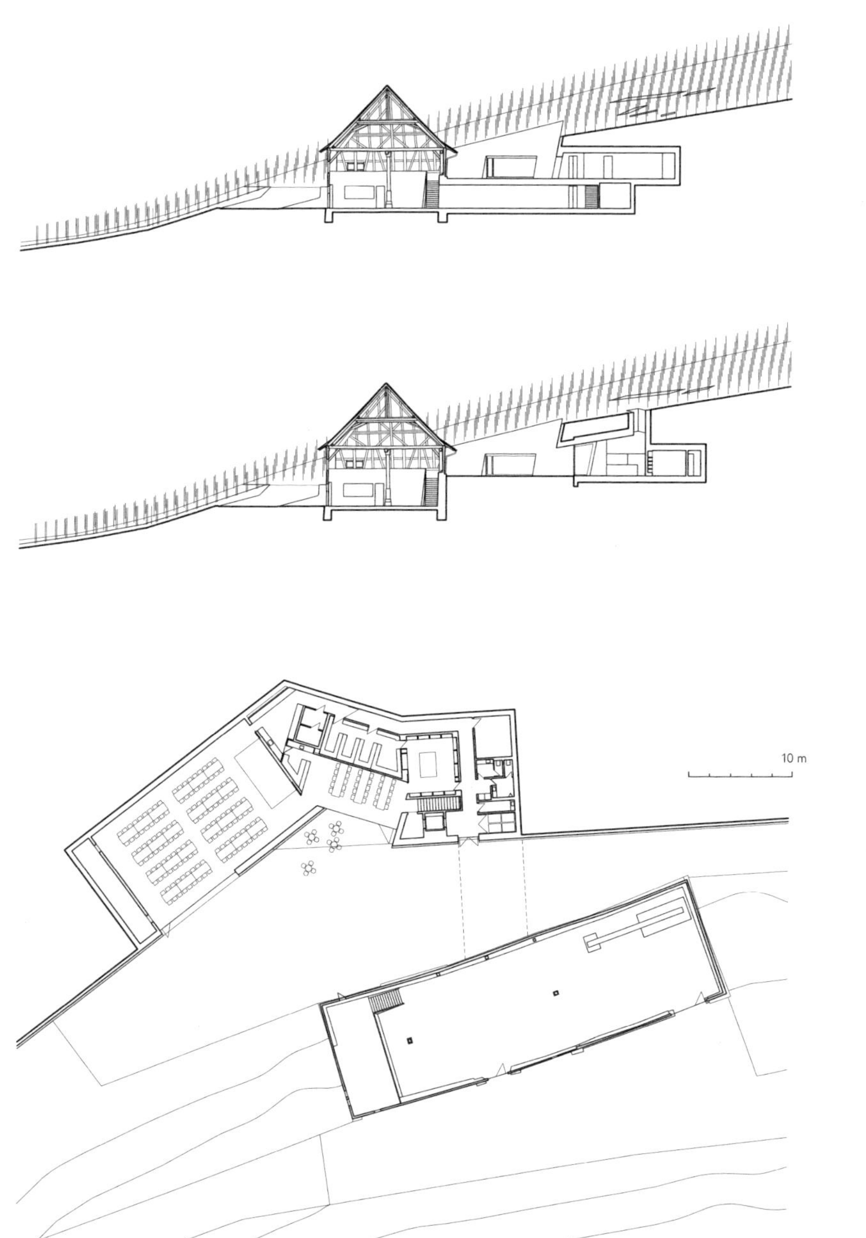
10 m

Auftraggeber: Verein PREWO, Osterfingen
Team: Barbara Frei, Martin Saarinen, Nicolaj Bechtel, Stefan Wülser
Landschaftsarchitektur: BBZ Landschaftsarchitekten GmbH, Bern
Statik: Schnetzer Puskas Ingenieure AG, Zürich
Haustechnikplanung: Amstein + Walthert AG, Zürich

Wohnhaus, Kilchberg

Drei Ideen bestimmen die Konzeption des Wohnhauses: Zum einen besteht das Erdgeschoss aus einem verschachtelten, zonierend wirkenden Raumgefüge, das Ost- und Westgarten über drei leicht versetzte Ebenen mäandrierend verbindet. Zum anderen sind gemeinschaftliche Bereiche (bei entsprechend bescheidener dimensionierten Individualräumen) grosszügig und teilweise als Wohnfläche nutzbar gestaltet – dies vielleicht am konsequentesten im Falle der überbreiten zentralen Halle im Dachgeschoss, die sich durch kaschierbare Schiebeverglasungen mit den angrenzenden Terrassenbereichen zu einem s-förmigen Kontinuum vereinen lässt, wodurch eine überraschende Weitläufigkeit entsteht. Drittens schliesslich sind die Treppen versetzt, wodurch eine 40 Meter lange Promenade entsteht, die durch mannigfaltige Ein-, Durch- und Ausblicke sowie stark variierende Raumhöhen geprägt ist. Wiederkehrendes Element sind L-förmige Wandflächen, die spannungsvolle Mehrdeutigkeiten schaffen und in Verbindung mit der – mittels 20 Fenstern sorgfältig austarierten – Lichtführung eine unverwechselbare Raumcharakteristik erzeugen. Stofflichkeit und Farbe der äusseren Erscheinung nehmen Bezug zu den benachbarten Häusern aus den 1970er Jahren, wobei deren dunkles Satteldach hier zur kubischen «Blechkappe» mutierte.

Realisierung: 2012

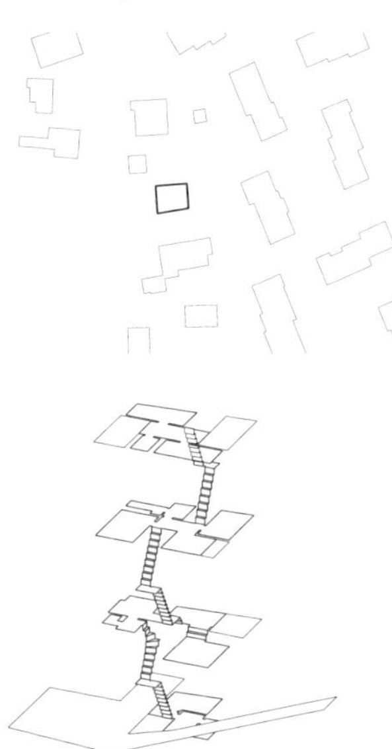

Eine Promenade bildet das Rückgrat des Hauses.

Möbel und Nischen für die Beleuchtung verschmelzen mit dem Rohbau. L-förmige Wandflächen schaffen räumliche Überlagerungen.

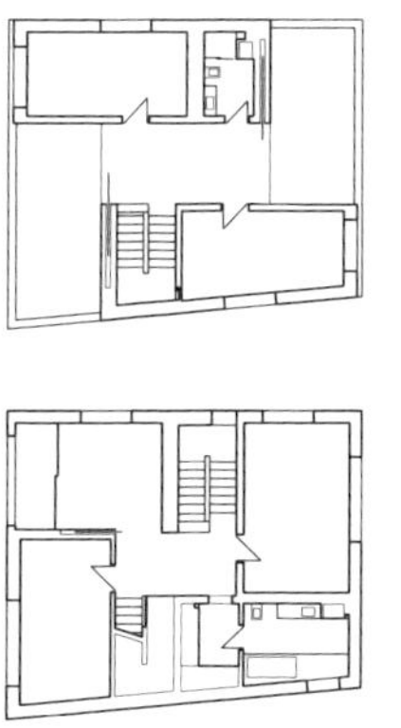

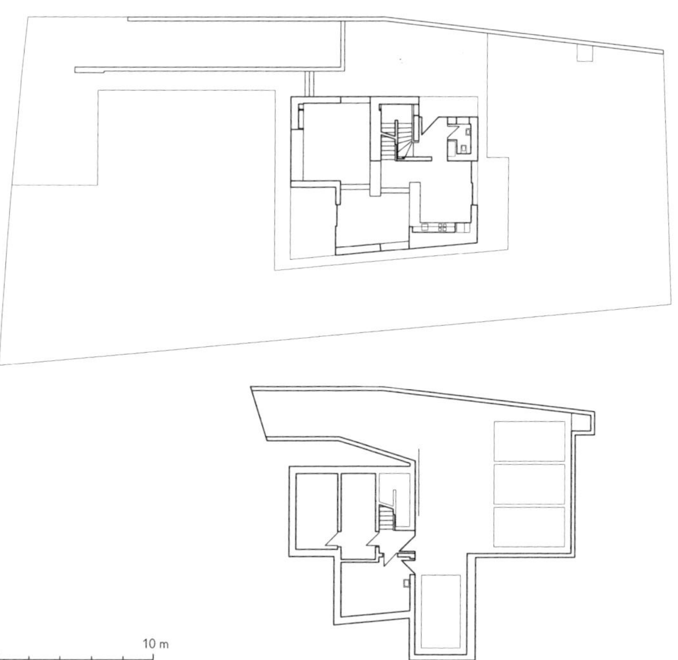

10 m

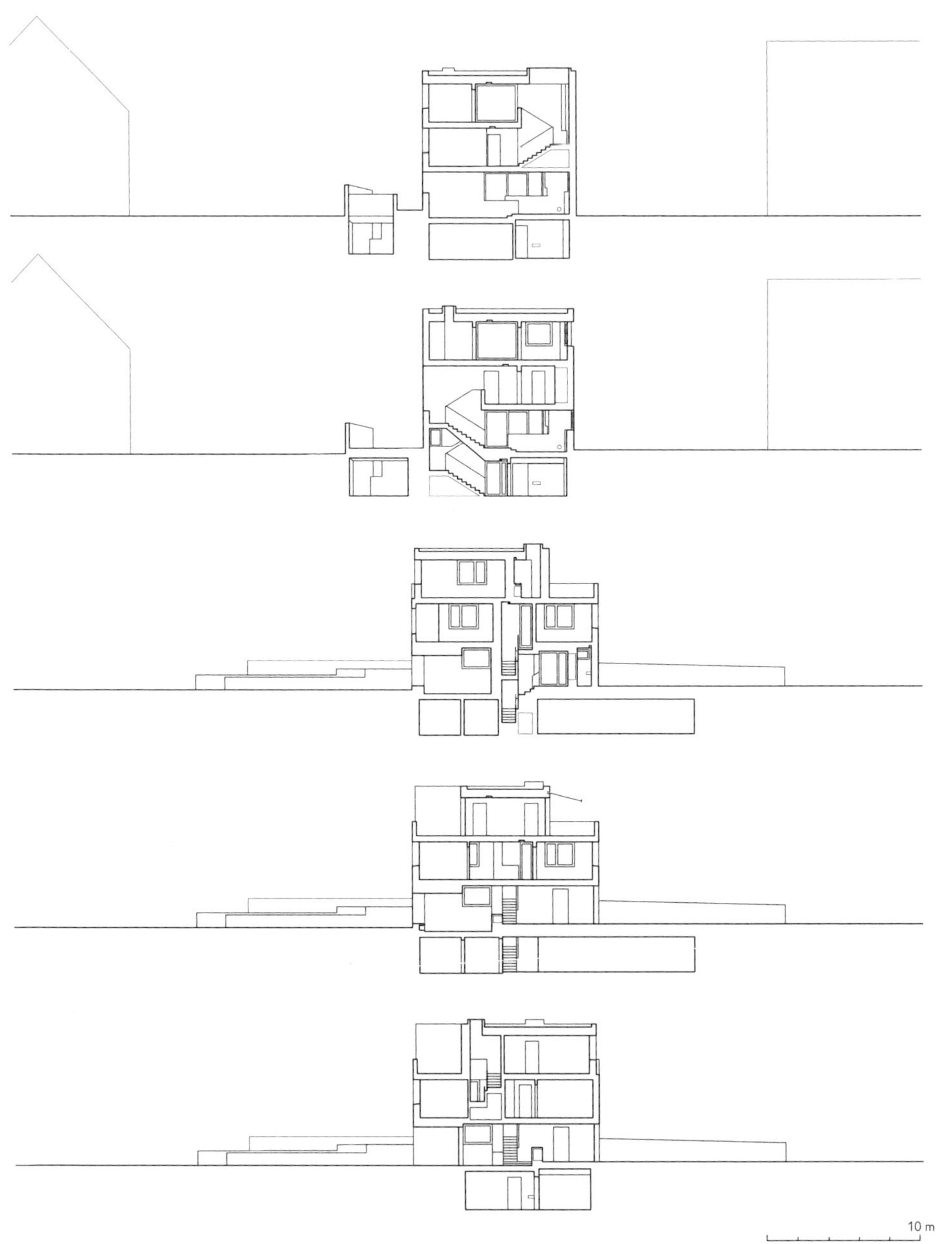
10 m

Auftraggeber: Privat
Team: Barbara Frei, Martin Saarinen, Stefan Wülser
Baumanagement: Jaeger Baumanagement AG, Zürich
Statik: Schnetzer Puskas Ingenieure AG, Zürich
Metallfassade: Scherrer Metec AG, Zürich
Innenausbau: Lehmann Arnegg AG, Arnegg
Aussenbelag: Edalith AG, Bülach

Umbau Werkhof, Glattbrugg

Ein aus drei Bauten bestehendes Ensemble aus den 1970er Jahren wird heutigen Bedürfnissen angepasst. Am Beispiel des Dienstgebäudes mit Büro- und Verpflegungsräumen sowie Garderoben soll aufgezeigt werden, wie die typischen schwer-vorfabrizierten Bauten dieser Epoche betrieblich und energetisch heutigen Bedürfnissen angepasst werden können, ohne die charakteristische Ablesbarkeit ihrer modularen Konstruktion einer neuen Aussendämmung zu opfern: Das Raumgitter aus Betonpfosten- und Sturzelementen prägt den architektonischen Ausdruck und bleibt deshalb trotz bauphysikalischer Defizite nahezu unangetastet. Demgegenüber scheinen die in die Struktur eingefügten Wandelemente austauschbarer, weswegen sie durch hochwertig gedämmte Aussenwandpartien ersetzt werden. Die daraus resultierende energetische Gesamtbilanz entspricht heutigen Anforderungen und der partielle Ersatz schafft Potenziale: Fensterbänder können neu angeordnet werden, wodurch die Innenraumqualität gesteigert und die äussere Erscheinung vereinheitlicht wird. Alle Räume werden bis auf Treppenhaus und Stützen neu organisiert, wobei die abgerundeten, gelblich glänzenden Wandabwicklungen, die einen neuen gemeinschaftlichen Zwischenbereich formen, ein unverkennbar neues Element bilden, das die Strenge der Rasterarchitektur relativiert.

Wettbwerb: 2011
Realisierung: 2014

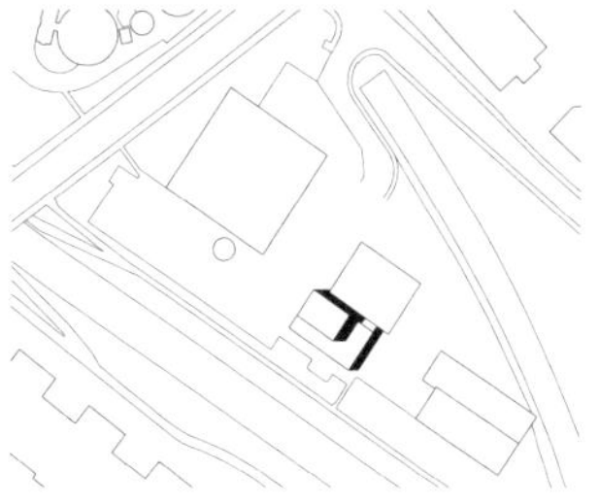

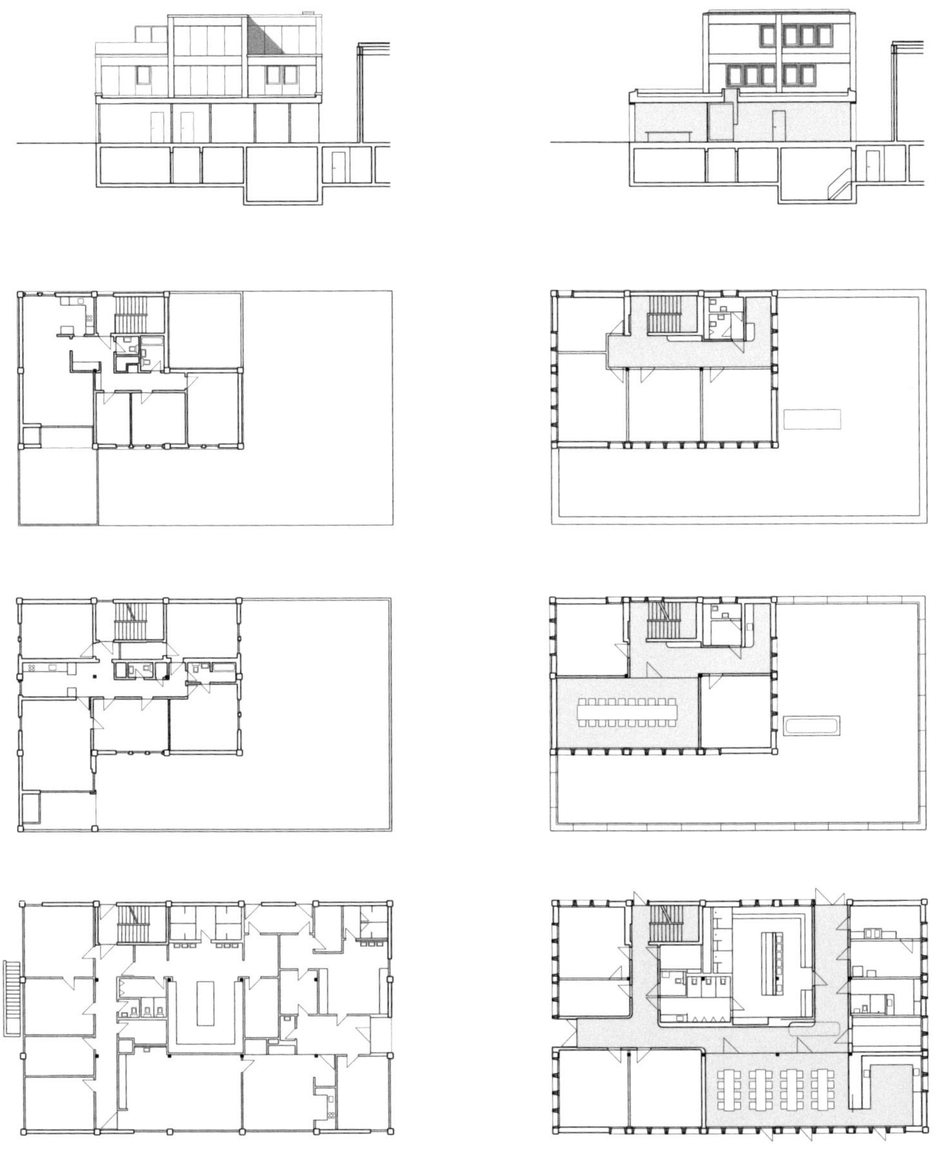

Akzentuierung der gemeinschaftlichen Bereiche nach dem Umbau (rechts)

10

Auftraggeber: Hochbauamt Kanton Zürich
Team: Barbara Frei, Martin Saarinen, Anja Stammler, Frauke Ries
Statik: Dr. Deuring + Oehninger AG, Winterthur
Bauphysik: Amstein + Walthert AG, Zürich
Kunst: Max Grüter, Zürich

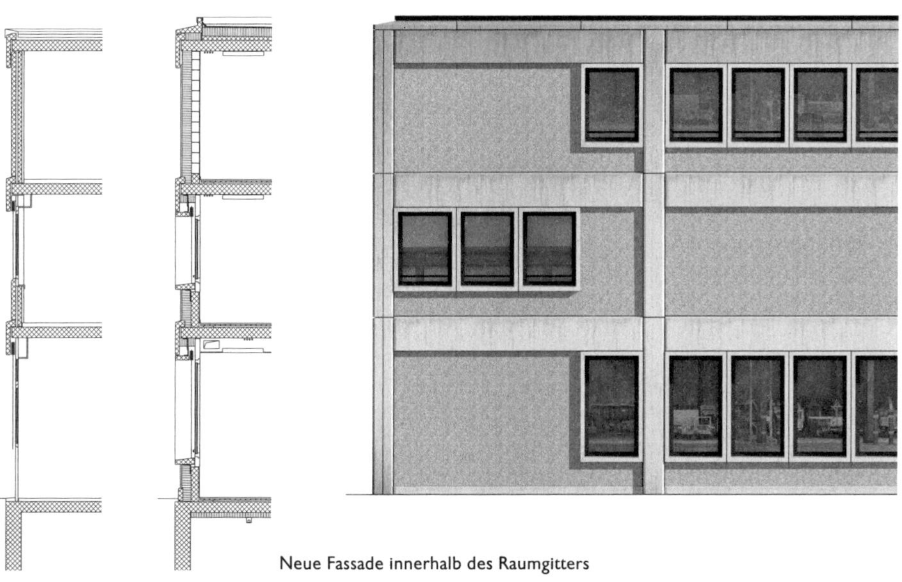

Neue Fassade innerhalb des Raumgitters

Kopfbau der Chliriethalle, Oberglatt

Der Eingangstrakt zu einer Dreifachturnhalle aus den 1970er Jahren, die auch für Events wie Konzerte, Messen und Feste genutzt wird, fiel einem Feuer zum Opfer und soll durch einen funktional und atmosphärisch heutigen Anforderungen entsprechenden Neubau ersetzt werden. Die Konzeption weist Parallelen zum Kino Xenix auf: Eine nahtlos erweiterte Dachfläche vereinigt Bestand und Erweiterung, wodurch diese, den innenräumlichen Bedingungen folgend, ausgebildet werden kann, ohne dass die neue Chliriethalle in Alt und Neu zerfällt. Ein unterteilbares Foyer mit Blick in die parkähnliche Umgebung ist über eine Rampe mit der Lounge im Obergeschoss verbunden, die ein neues Bindeglied zu der bestehenden Turnhallentribüne darstellt und auch für kleinere Versammlungen genutzt werden kann. Weitere Räume, wie ein Vereinslokal oder eine Grossküche, sind in den neuen Kopfbau integriert, wobei sich die mehr oder weniger öffentlichen Bereiche in den sehr differenziert ausgebildeten Fassaden deutlich abzeichnen. Die gefaltete Dachfläche aus vorfabrizierten Holzelementen zoniert die Querung, die sich von der Lounge bis zur entgegengesetzten Westfassade erstreckt, und verleiht den darunterliegenden Räumen ihre angemessene Höhe.

Wettbewerb: 2011
Realisierung: 2014

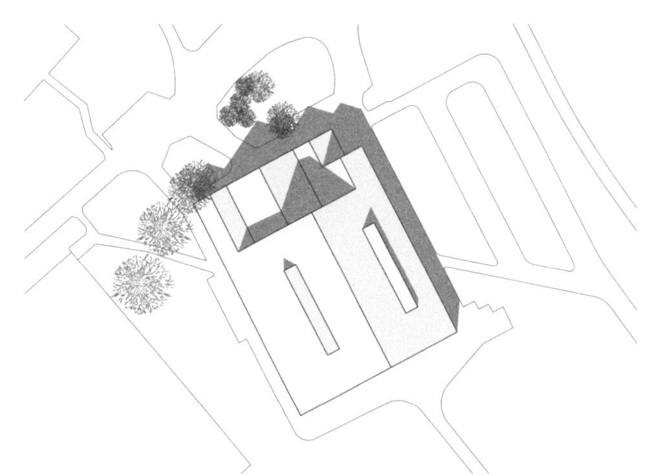

Die gefaltete Dachfläche verleiht der einfachen orthogonalen Struktur ihre Raumwirkung. Das Foyer ist unter der Dachkehle unterteilbar.

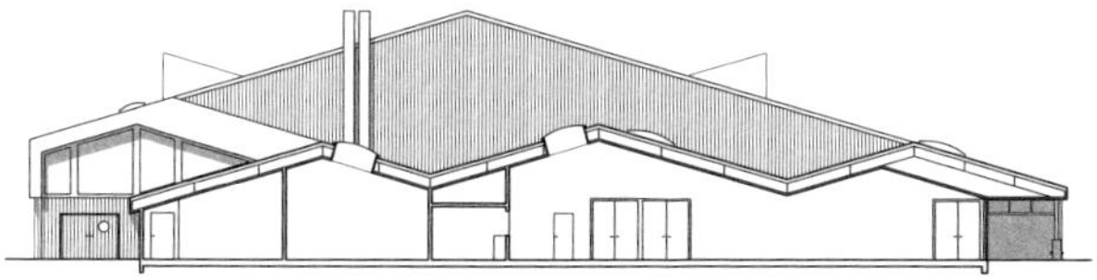

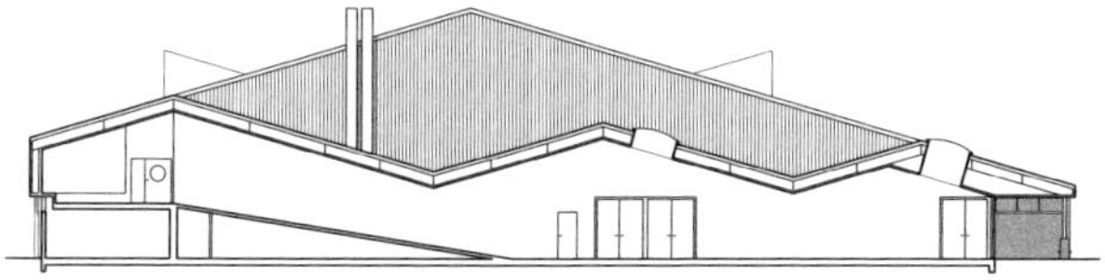

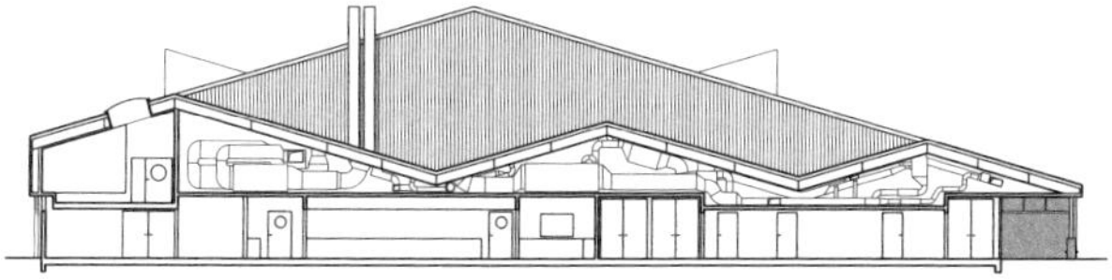

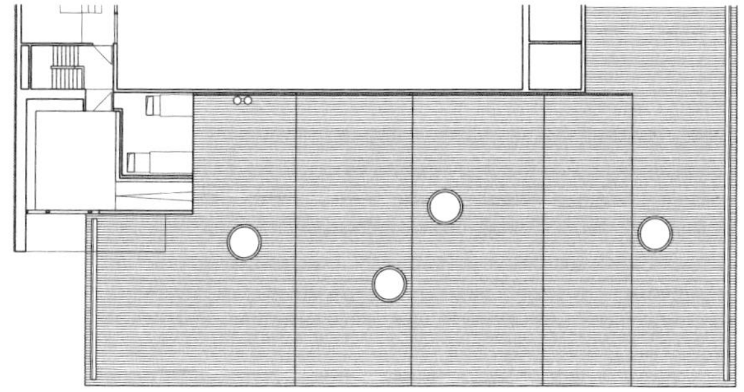

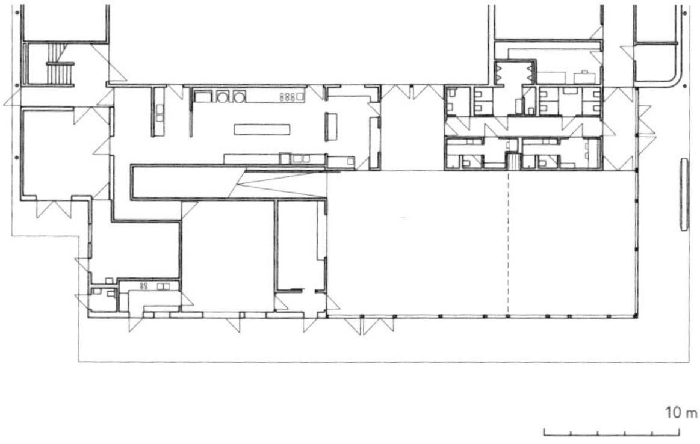

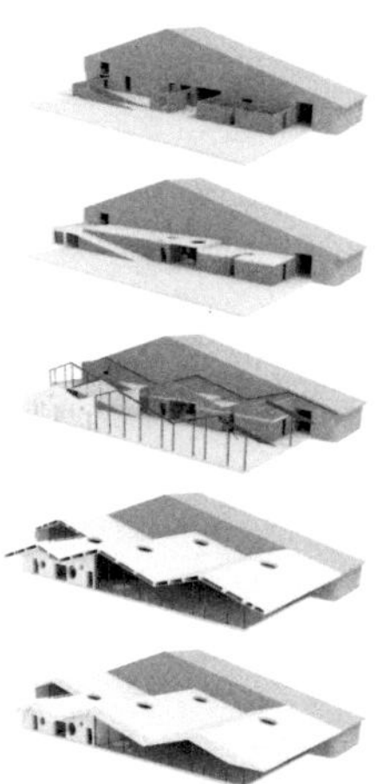

10 m

Auftraggeber: Gemeinde Oberglatt
Team: Barbara Frei, Martin Saarinen, Beat Lengen, Hans-Christian Rufer
Baumanagement: Bautermin Walder AG, Embrach
Statik: Schnetzer Puskas Ingenieure AG, Zürich
Haustechnikplanung, Bauphysik und Brandschutz: Amstein + Walthert, Zürich
Metallfenster und Fassade: Hammer Metall AG, Nänikon

Eidgenössischer Preis für Kunst

Gewinner, 2011
Kategorie Architektur

Der «Grosse Flughafen» ist eine Denk-Versuchsanlage, die nicht eine praktische Verwertbarkeit, sondern grundsätzliche Überlegungen zur Realität der heutigen Planungspraxis in den Vordergrund stellt. Angesichts sich verschärfender Konflikte durch zunehmende Flugbewegungen über sich stetig verdichtenden Siedlungsgebieten scheint es seltsam, an einer Politik der kleinen Schritte festzuhalten, in der Hoffnung, dass sich dieser «Gordische Knoten» von selbst lösen werde. Denn wesentlich leisere Triebwerke scheinen physikalisch unmöglich. Demgegenüber dürften Flughäfen in einer gewissen Höhe die flugbedingten Emissionen über den dicht besiedelten Gebieten im Tal drastisch verringern und dennoch sehr gut erreichbar sein. Zugegebenermassen zutiefst unschweizerisch ist sowohl die räumliche als auch zeitliche Dimension der vorgeschlagenen Jahrhundertskulptur auf dem Jura bei Egerkingen. Interessant ist, dass die Arbeit als utopisch gilt, obwohl sie weder «ortlos» (griech. *utopia*) ist, noch die Gesellschaft beziehungsweise deren Wunsch nach zunehmender Mobilität infrage stellt oder ökonomisch unrealisierbar wäre: Durch die Entwicklung frei werdender Flächen auf den obsoleten Flugfeldern in Zürich, Basel und Genf wäre das *Grand Projet* finanzierbar. Es bleibt also die Frage, weswegen beziehungsweise in welchem Kontext eine Idee zur Utopie wird.

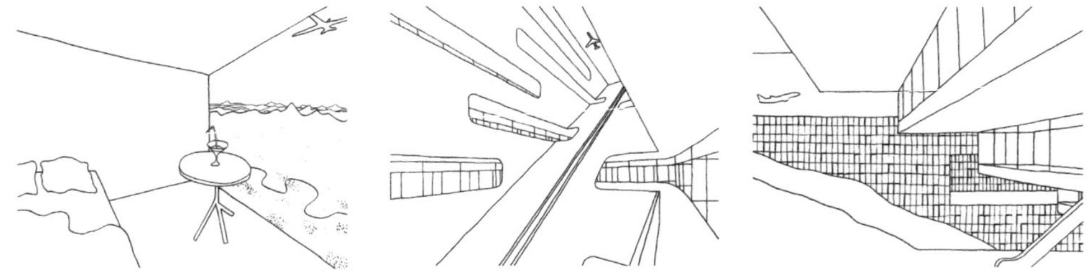

Werkverzeichnis (Auswahl Bauten, Projekte und Wettbewerbe)

2005		Wettbewerb Messestand für den SIA, Sektion Waadt; 4. Preis
	1	Projekt Doppelhaus Kilchberg
		Studie Sanierung und Erweiterung Hotel Bad Serneus
2006	**2**	Wettbewerb Erweiterung Kunstmuseum Bern
	3	Wettbewerb Erweiterung Tramdepot Zürich
		Wettbewerb Umbau Pflegezentrum Bombach, Zürich
2007		Umbau, denkmalpflegerische Sanierung und Erweiterung Kino Xenix, Zürich (Wettbewerb 2005)
2008		Wettbewerb Studentisches Wohnen, Zürich (mit Dan Budik)
		Studienauftrag Sanierung zweier Wohnhäuser, Zürich
2009	**4**	Wettbewerb Dachausbau Altersheim Doldertal, Zürich
	5	Wettbewerb «Mehr als Wohnen». Wohnhäuser für das Hunzikerareal, Zürich (mit Vivo Landschaftsarchitektur)
	6	Wettbewerb Erweiterung Schule Neuhaus, Sursee; 2. Preis (mit Wildrich Hien Architekten)
	7	Studie Seekongresshaus Zürich
		Lignumpavillon, verschiedene Standorte
2010		Umbau und Erweiterung Pfarreihaus St. Josef, Zürich (Wettbewerb 2007)
		Wettbewerb «A Mosque for Zurich», 3. Preis
	8	Studienauftrag Umbau und Erweiterung Panorama Thun
	9	Studie Rural House für Wallpaper Magazine
	10	Wettbewerb Neuapostolische Kirche mit Wohnungen, Zürich
	11	Wettbewerb Schwimmbad Mythenquai Zürich (mit BBZ Landschaftarchitekten und Max Grüter, Künstler)
2011		Wettbewerb Bergtrotte Osterfingen; 3. Rang (mit BBZ Landschaftsarchitekten)
	12	Wettbewerb Betriebsgebäude in Flawil (mit Peter Jenni)
	13	Wettbewerb Raiffeisenbank Höfe, Pfäffikon; 2. Preis
2012	**14**	Erweiterung Schule Balainen, Nidau (Mitarbeit ab Phase Bauprojekt, Arbeitsgemeinschaft mit Wildrich Hien Architekten)
	15	Wettbewerb Abdankungshalle Friedhof Erli, Steinhausen (mit Vivo Landschaftsarchitektur)
	16	Studienauftrag Sanierung Kirche und Erweiterung Kirchgemeindezentrum, Bassersdorf
	17	Studie für ein Haus mit 25 Wohnungen, Zürich
		Wohnhaus in Kilchberg
2013	**18**	Wettbewerb Landhofareal Basel (mit BBZ Landschaftsarchitekten)
		Studie für Ein Wohnhaus mit 6 Duplexwohnungen, Zürich

Laufende Projekte

Sanierung und Umbau Schulhaus Kügeliloo Zürich (Wettbewerb 2007), S. 6

Umbau und Sanierung Werkhof Glattbrugg (Wettbewerb 2010)

Ersatz-Kopfbau Chliriethalle, Oberglatt (Wettbewerb 2011)

1, 2

3, 4

5, 6

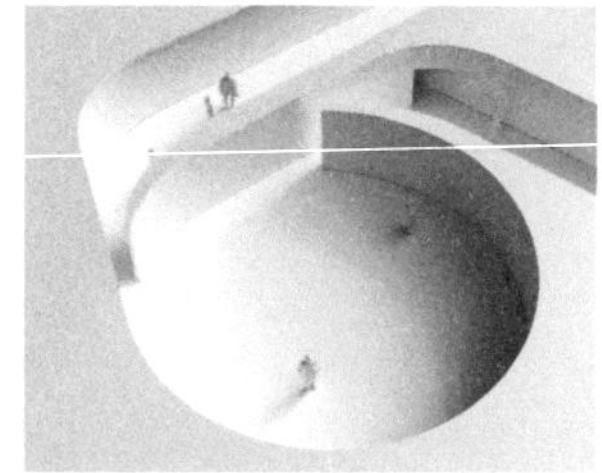

7, 8

11, 12

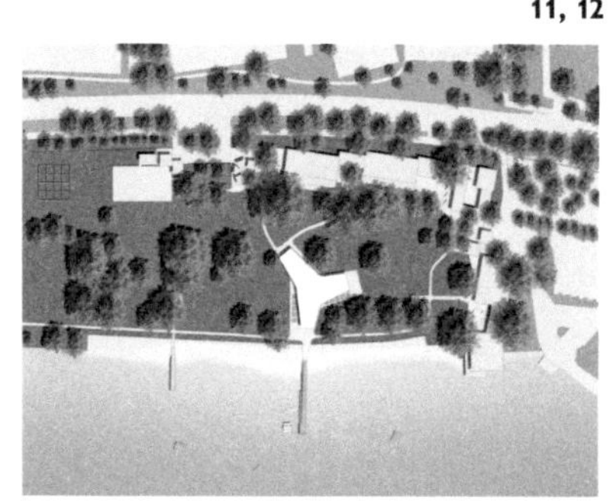

15, 16

9, 10

13, 14

17, 18

	Barbara Frei
1973	geboren in Horgen
1992–1999	Architekturstudium an der ETH Zürich
1999–2000	Billing + Moser Architekten, Baden
2000–2002	EEA Erick van Egeraat Associated Architects, Rotterdam NL
2002–2005	EM2N Architekten, Zürich
Seit 2005	Frei + Saarinen Architekten, Zürich

	Martin Saarinen
1972	geboren in Solothurn
1992–1999	Architekturstudium an der ETH Zürich
2000–2001	Maxwan Architects & Urbanists, Rotterdam NL
2001	Sadar + Vuga Arhitekti, Ljubljana SLO
2001–2002	NL Architects, Amsterdam NL
2002–2003	Herzog & de Meuron, Basel
2003–2005	Assistent an der ETH Zürich, Prof. Andrea Deplazes
Seit 2005	Frei + Saarinen Architekten, Zürich
2008–2012	Lehrauftrag an der Hochschule Luzern
Seit 2013	Dozent an der Zürcher Hochschule für Angewandte Wissenschaften

Mitarbeit seit 2005–	Dan Baciu, Nicolaj Bechtel, Christian Beerli, Georg Birkner, Marc Drewes, Liwen Gehrig, Ann-Christin Hillebrand, Beat Lengen, Luca Pestalozzi, Ioannis Piertzovanis, Jörg Püschel, Lydia Ramakers, Frauke Ries, Hans-Christian Rufer, Anja Stammler, Sandra Stein, Bastien Turpin, Corina Trunz, David Winzeler, Stefan Wülser

Auszeichnungen

2009 *Int. Bauweltpreis*, engere Wahl (Kino Xenix)
Prix Lignum, Auszeichnung (Kino Xenix)

2011 *Swiss Art Award*, Gewinner Kategorie Architektur
Die Besten 2011, Nominierung (Pfarreihaus St. Josef)
Auszeichnung Gute Bauten der Stadt Zürich 2006–2010, Erwähnung sowie 3. Publikumspreis (Kino Xenix)

2012 *Award Marketing + Architektur*, Nominierung (Pfarreihaus St. Josef)
Prix Lignum, Anerkennung (Pfarreihaus St. Josef)

Ausstellungen (Auswahl)

2007 *44 Young Architects*, Santiago de Compostela E
Geraffte Zeit, Videoinstallation an der ETH Zürich

2008 *Was wird sein?*, Architekturforum Zürich

2010 *Contemporary Swiss Architecture*, Colegio de Arquitectos de Cadiz E

2011 *Swiss Art Award*, Messe Basel (Axonometrie)
Grösser als Zürich – Kunst in Aussrsihl, Helmhaus Zürich
Kult Zürich Ausser Sihl, Kunsthaus Deutschvilla, Strobl A
Kubus oder Kuppel, ifa-Galerie Stuttgart D
Heilige Räume, Hamburgmuseum, Hamburg D

2012 *Marketing + Architektur*, ETH Zürich

2013 *Babel, There's a Heaven above You!*, Kunstmuseum Olten

Vorträge (Auswahl)

2008 *Architecture sur mesure*, Forum d'Architecture Fribourg
An Utopian Realist, Berner Fachhochschule, AHB

2010 *Works*, Architects meet in Fuori biennale, Palazzo Widmann, Venedig I

2011 *Manierismen*, Hochschule Luzern, Prof. Ursula Stücheli
Rural House, Eternit Summer School, Niederurnen

2012 *Strukturen*, ETH Zürich, Prof. D. Eberle
Sampling, Mixen, Cutten, im Rahmen der Reihe Junge Schweizer Architektinnen und Architekten, Architekturforum Zürich

Bibliografie (Auswahl)

2006 Melanie Franko: Erweiterung Kino Xenix, Zürich. In: Turrisbabel, 04/2007

2007 Knut Birkholz: A convincing debut, in A10 Magazine 17

44 Young International Architects. In: A+ Arquitectura Plus, 10/2007

Conversion / Extension of Kino Xenix. In: WA World Architecture, 11/2007

2008 Verena Dörfler: Um- und Erweiterungsbau des Kino Xenix. In: Archithese, 01/2008

Christoph Wieser: Verlängertes Provisorium – Umbau und Erweiterung Kino Xenix in Zürich. In: Werk, Bauen + Wohnen, 08/2008

Barbara Frei, Martin Saarinen: Gedanken zur Architektur der Zukunft. In: Architekturforum Zürich (Hrsg.), Was wird sein?

Dieter Geissbühler: Pendelnder Eingriff – Umbau und Erweiterung Kino Xenix, Zürich. In: VISO, 03/2008

Rita Capezzuto: Xenix Cinema, Zurich. In: Domus, 12/2008

2010 Raumtraum – Der Grosse Flughafen. In: Hochparterre 05/2010

Architects Directory 2010. In: Wallpaper Magazine, 07/2010

Diego Caramma: Lignum Pavilion. In: Worldwide Architecture – The Next Generation

Jenny Keller: Eine Kirchgemeinde macht Platz. In: Tec21, 38, 2010

Caspar Schärer: Herzstück – Das Pfarreihaus St. Josef in Zürich. In: Werk, Bauen + Wohnen 11/2010

Tanja Feil: Polygonale Raumschöpfung – Pfarrhaus St. Josef in Zürich. In: Metamorphose, 12/2010

2011 Manuel Pestalozzi: Von Fuss bis Kopf – Pfarreihaus-Umbau, Zürich. In: Architektur + Technik 03/2011

Martin Saarinen: Disegno Fantastico, Manieristische Phänomene in der zeitgenössischen Architektur. In: Werk, Bauen + Wohnen, 04/2011

Jenny Keller: Neuer Glanz für den Werkhof. In: NZZ Domizil, 22.07.2011

Martin Saarinen: Kino Xenix – Vom langen Leben einer Schulbaracken-architektur im Herzen von Zürich. In: Archimaera, Nr. 4

Martin Saarinen: Sprungbrett Zürich, zum Buch Aldo Rossi und die Schweiz. In: Werk, Bauen + Wohnen, Nr. 12/2011

2012 Vassilis S. Tsianos: Panische Räume. In: Bauwelt, 12/2012

Valérie Hammerbacher: A Mosque for Zurich. In: Kubus oder Kuppel: Moscheen – Perspektiven einer Bauaufgabe

Parish House. In: Roof Architecture + Design

Wild, expressiv, präzis. In: Hochparterre Sonderheft «Prix Lignum»

2013 Jørg Himmelreich: Schulzubau in Nidau. In: Architektur Aktuell 04/2013

Geometría a gran escala. In: Glocal Magazine, 14/2013

Der Bauplan: Werkzeug des Architekten, Anette Spiro und David Ganzoni (Hrsg.)

Finanzielle und ideelle Unterstützung

Ein besonderer Dank gilt den Institutionen und Sponsorfirmen, deren finanzielle Unterstützungen wesentlich zum Entstehen dieser Publikation beitragen. Ihr kulturelles Engagement ermöglicht ein fruchtbares Zusammenwirken von Baukultur, öffentlicher Hand, privater Förderung und Bauwirtschaft.

ERNST GÖHNER STIFTUNG

AMSTEIN + WALTHERT

Amstein + Walthert AG, Zürich

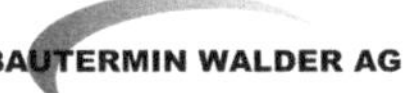
BAUTERMIN WALDER AG

Bautermin Walder AG, Embrach

EDALITH®

Edalith Schweiz AG, Bülach

by Schneider Electric

Feller AG, Horgen

WASHROOM SYSTEMS

Franke AG, Aarburg

Glas Trösch AG, Bützberg

Hammer Metall AG, Nänikon

jaegerbaumanagement.ch

Jaeger Baumanagement AG, Zürich

PIRMIN JUNG
Ingenieure für Holzbau

Pirmin Jung Ingenieure für Holzbau AG, Rain

KAMMER EXPO AG

Kammer Expo AG, Tagelswangen

Katholische Kirchgemeinde St. Josef, Zürich

Keramik Laufen AG, Laufen

Lehmann Arnegg AG, Arnegg

Olavi Saarinen
Uhrentechnik - Restaurationen - Reparaturen - Terminage

Uhrentechnik Olavi Saarinen, Bettlach

Pahl AG, Dietikon

Scherrer Metec AG, Zürich

Schnetzer Puskas Ingenieure AG, Zürich

swiss-architects.com

Swiss Architects

Zumtobel Licht AG, Zürich

Quart Verlag Luzern

Anthologie – Werkberichte junger Architekten

27 Rapin Saiz (dt; extra sheets with English and French translation)
26 Frei + Saarinen (dt; extra sheet with English translation)
25 Edelmann Krell (dt; extra sheet with English translation)
24 Localarchitecture (dt; extra sheets with English and French translation)
23 horisberger wagen (dt; extra sheet with English translation)
22 phalt (dt; extra sheet with English translation)
21 Kunz und Mösch (dt; extra sheet with English translation)
20 Meier Leder (dt; extra sheet with English translation)
19 Philipp Wieting – Werknetz Architektur (dt; extra sheet with English translation)
18 frundgallina (dt; extra sheet with English translation)
17 Thomas K. Keller (dt; extra sheet with English translation)
16 Durrer Linggi (dt; extra sheet with English translation)
15 Allemann Bauer Eigenmann (dt; extra sheet with English translation)
14 Baserga Mozzetti (dt; extra sheets with English and Italian translation)
13 OOS (dt; extra sheet with English translation)
12 UNDEND (dt; extra sheet with English translation)
11 Corinna Menn (dt; extra sheet with English translation)
10 Michael Meier und Marius Hug (dt; extra sheet with English translation)
9 BDE Architekten (dt; extra sheet with English translation)
8 weberbrunner (dt; extra sheet with English translation)
7 huggenbergerfries (dt; extra sheet with English translation)
6 Müller Sigrist (dt)
5 Beda Dillier (dt)
4 Bünzli & Courvoisier (dt; extra sheet with English translation)
3 Peter Kunz (dt; extra sheets with English and Italian translation)
2 Buchner Bründler (dt; extra sheet with English translation)
1 Niklaus Graber & Christoph Steiger (dt; extra sheet with English translation)

Quart Verlag GmbH, Heinz Wirz CH-6006 Luzern
books@quart.ch, www.quart.ch